Le secret
de la cabane

niveau A1
Jeanne Chadet

Dans la même collection

Niveau A1
Disparition à Saint-Malo
Le casque mystérieux
Quinze jours pour réussir !
Virgule

Mais où est Louise ?
Mon dragon a disparu
Le voyageur sans billet

Niveau A1/A2
S.O.S. Urgences

Opération vide-grenier

Niveau A2
Le jour où j'ai raté le bus
Carton rouge ou mort subite
C'est pas compliqué l'amour !
Avertissement de conduite
Crime d'auteur
Un agent très secret
L'ours sort ses griffes

Un printemps vert panique
Les disparus de Fort Boyard
La fille qui vivait hors du temps
La révélation
En scène les 5e
Pas de frontières pour l'amitié
La chambre aux oiseaux

Conception et direction artistique de la couverture :
Christian Dubuis Santini © Agence Mercure
Conception de l'intérieur : Nicole Pellieux
Édition et mise en page : Nelly Benoit
Illustrations (couverture et intérieur) : Marie Voyelle
Crédits CD audio :
Enregistrements, montage et mixage : Fréquence Prod
Lecture : Brigitte Guedj
Musique : *Marais salants*, Kmusik/KAR 1017-700

© Les Éditions Didier, Paris, 2012   ISBN 978-2-278-073016
Achevé d'imprimer en France par EMD S.A.S en juillet 2012 - Dépôt légal : 7301/01 - N° 26780

Avant-propos

Lecture : mode d'emploi

Lire est d'abord un plaisir : ne le gâche pas en t'arrêtant à chaque fois que tu rencontres un mot inconnu. Continue ! La plupart du temps, tu pourras poursuivre ta lecture sans problème grâce au contexte. Si tu as l'impression que tu ne comprends pas quelque chose d'important, n'hésite pas : reprends au début.

Le secret de la cabane est divisé en quatre histoires. Elles se passent toutes au bord de la mer, dans une région qui s'appelle la Bretagne. À chaque histoire, tu retrouves toujours la même cabane, mais les personnages et la saison changent, et un nouveau mystère apparaît.

Tu peux choisir l'ordre de lecture des histoires. Avant de passer à la partie suivante d'une histoire, tu peux – si tu le veux – faire le point en répondant aux questions posées à la fin du livre, page 54. Si tu as un doute, regarde les réponses page 63 : ainsi, tu sauras tout ce qu'il faut savoir pour comprendre la suite.

Pour t'aider, tu trouveras la liste des personnages à la page 6, et l'explication des expressions marquées * dans le lexique, page 58.

Lire n'est pas seulement un plaisir. La lecture te permet d'affirmer tes connaissances, de revoir ou d'enrichir ton vocabulaire et de constater que, grâce au contexte, tu comprends beaucoup plus de choses que tu ne le pensais !

Si tu le veux, tu peux noter les expressions qui te semblent personnellement utiles dans ton carnet de vocabulaire.

Remarques pour le professeur

Les quatre textes proposés dans *Le secret de la cabane* correspondent à un niveau A1 de compétence en lecture. Les personnages de chaque histoire ont sensiblement le même âge que le lecteur. Ils évoluent dans un milieu familier aux adolescents : le collège, la famille, les copains.

Les jeunes lectrices et lecteurs s'identifieront aisément aux héros dont les aventures décrites renvoient à une réalité quotidienne, mais ouvrent également sur un imaginaire cher aux adolescents.

Chaque histoire est divisée en parties. Les questions et les activités proposées pour chacune de ces parties permettent aux lecteurs de vérifier qu'ils ont globalement compris le texte et qu'ils ont repéré les informations nécessaires pour la compréhension du récit.

Quand, pour les besoins spécifiques de l'histoire, le vocabulaire utilisé dépasse les connaissances supposées acquises au niveau de compétence A1, nous avons veillé à expliquer dans le lexique, page 58, les mots utiles pour une compréhension globale du texte ou une bonne compréhension de points de détail importants afin que le lecteur puisse suivre plus facilement l'intrigue.

Sommaire

Les personnages

La cabane au printemps
Alex, un jeune collégien qui vit avec sa mère
Madame Grenier, la mère d'Alex
Sarah, une amie d'Alex. Ils sont dans la même classe.
Paola, une jeune fille, amie et confidente d'Alex
Marco, le frère de Paola
Le commissaire Bonnet et *son adjoint Piacci* qui enquêtent sur une affaire de trafic d'or

La cabane en été
Loïc, un adolescent qui habite en Bretagne
Fouzia et *Aïcha*, deux sœurs. Elles passent leurs vacances dans le village de Loïc.
Théo, un adolescent qui habite dans le nord de la France mais passe aussi ses vacances en Bretagne
Tous les quatre sont amis.
Farid, l'oncle de Fouzia et Aïcha
Kador, le chien de Théo

La cabane en automne
Lucie, une adolescente qui vit avec son père
Alain Nemours, le père de Lucie
Claude et *Jacquot*, deux pêcheurs
Mathurin, un pêcheur. C'est un personnage de légende.

La cabane en hiver
Louise et *Émile*, sœur et frère jumeaux
Monsieur et madame Chaumont, leurs parents
Mamie Lili, leur grand-mère, originaire de Bulgarie
Tante Olga, une femme désagréable
Radomil, un vieil homme, originaire de Bulgarie aussi

Lieu : au bord de la mer, quelque part en Bretagne

La cabane

au printemps

I - Paola

Alex rentre de l'école. On est jeudi. C'est le printemps et il fait bon. Pourtant, Alex est triste. Quelle journée détestable ! Il a eu cinq en mathématiques et la prof s'est moquée* de lui. Toute la classe a ri, même Sarah. Alex est amoureux de Sarah, mais Sarah le regarde à* peine.

À la maison, il trouve un mot de sa mère :

Mon chéri,

Je rentre vers 23 heures.

Il y a de la ratatouille* dans le frigo.

Ne m'attends pas pour manger.

Bisous

Ta maman

Alex vit en Bretagne, dans un village, au bord de l'océan Atlantique. Sa mère, madame Grenier, est infirmière*. Elle travaille souvent le soir. Son père est mécanicien. Alex le voit rarement* : il habite loin, dans le sud de la France.

L'adolescent* prend son vélo. Il quitte le village, traverse un petit bois et arrive près de la mer. Entre deux rochers*, il y a une cabane abandonnée*. Alex aime venir là en fin d'après-midi, Paola aussi. Paola est une jeune fille d'environ vingt ans. Elle est comme une grande sœur pour Alex. Ils discutent bien tous les deux.

Quand Alex arrive à la cabane, Paola est déjà là.

— Salut, Paola !

— Bonjour, Alex ! Ça va ?

— Bof ! L'école m'énerve.

— Vraiment ? Et avec Sarah, ça marche ?

— Non, Sarah est idiote !

Paola regarde son jeune ami. Elle comprend qu'il est de mauvaise humeur et que sa journée s'est mal passée. Alors, elle n'insiste pas.

— Je vais avoir de la visite tout à l'heure, annonce-t-elle.

— Ah bon ? Ici, à la cabane ?

— Oui, ici.

— Une visite de qui ?

— De mon frère.

— Tiens, tu as un frère, toi ?

Finalement, Alex ne sait pas beaucoup de choses sur Paola. Il ignore* où elle habite, par exemple. Elle écoute surtout Alex parler.

— Oui, j'ai un frère. Je ne l'ai pas vu depuis longtemps. Ce soir, on doit régler des affaires privées.

— Des affaires privées ? Tu as des secrets* de famille, ou quoi ?

– Oui, des secrets de famille, on peut dire* les choses comme ça. Alors, je préfère que tu ne restes pas.

Les paroles de Paola font mal à Alex.
– Je te dérange ? Tu n'as pas confiance en moi ? On n'est pas des vrais amis, alors ?
Paola lui prend le bras :
– Bien sûr que si ! On est des vrais amis. Je t'adore, tu sais. Demain, on se retrouve ici, et je t'explique tout. C'est promis ! Regarde, là-bas, sur la mer : voilà mon visiteur. Il arrive en bateau. Allez, sauve*-toi vite !
Effectivement, Alex voit une barque entre les vagues. Il se lève et monte sur son vélo.
– Bon, alors à demain, Paola !
– À demain, Alex !

Le jeune garçon rentre chez lui. Devant la porte de la maison, il remarque qu'il n'a plus sa clé : « Zut ! J'ai perdu ma clé. Je retourne la chercher. »
Il repart en sens* inverse, et trouve la clé sur le chemin, pas loin de la cabane. Curieux, il se dit alors : « J'ai quand même envie de voir la tête du frère de Paola... »
Il laisse son vélo contre un arbre et s'approche* discrètement de la cabane. Il se cache derrière un rocher. Il entend Paola et son frère se disputer :
– Je ne suis pas d'accord, Marco !

– Paola, ne sois pas stupide ! Prends l'or* et les bijoux chez toi.

– Non ! Non et non !

– J'ai trois caisses avec moi, dans le bateau. Il faut les cacher* quelque part.

– C'est ton problème.

– Accepte, Paola, et tu es une femme riche ! Tu as besoin d'argent, non ?

Alex jette* un coup d'œil par-dessus le rocher. Il aperçoit Marco. L'homme a le crâne rasé et des tatouages* sur les bras. Il porte des lunettes de soleil. « Quel frimeur* avec ses lunettes ! » pense Alex. Il n'a vraiment pas l'air sympa.

Alex va reprendre son vélo et retourne chez lui. Il mange, fait ses devoirs, regarde un peu la télé et va au lit. Mais à 23 heures, quand sa mère rentre, il ne dort toujours pas. Il pense à Paola. Il espère que son amie n'a pas de problème sérieux avec Marco.

II - La broche* pour Sarah

Le jour suivant, un miracle* se produit au collège ! À la récréation, Sarah vient vers Alex et lui demande :

– Qu'est-ce que tu fais, demain ?

– Demain ? Euh... je... rien, pourquoi ?

– Je fête mon anniversaire chez moi. Tu veux passer ?

11

– Chouette ! D'accord !

– Super ! La fête commence à 14 heures.

Après les cours, Alex va à la cabane. Il est impatient* de dire la nouvelle à Paola. D'ailleurs, Paola a sûrement une bonne idée de cadeau pour l'anniversaire de Sarah.

Hélas, la cabane est vide. Pas de Paola ! Déçu, Alex attend un moment. Finalement, vers 19 heures, il se décide à partir. Il voit alors une broche dorée par terre : « Génial ! Voilà un super cadeau pour Sarah. Elle va adorer. »

Il se demande cependant : « Est-ce que je peux prendre cette broche ? Elle n'est pas à moi. »

Mais il se rassure : « Après tout, je ne l'ai pas volée* ! Je l'ai trouvée. Ce n'est pas la même chose. »

Le samedi, c'est la fête d'anniversaire. Il y a de la musique, des gâteaux, des boissons. L'ambiance est très bonne. Sarah est ravie* du cadeau d'Alex et elle danse tout l'après-midi avec lui. Bref, Alex est heureux.

Le soir, la mère d'Alex ne travaille pas, ils mangent ensemble. Au moment du dessert, on sonne à la porte.

– Tiens ? Qui nous rend visite à cette heure-ci ? demande madame Grenier, surprise.

Elle va ouvrir. Elle revient dans la cuisine avec un homme en imperméable et un policier. Elle est pâle*. L'homme en imperméable se présente à Alex :

– Bonjour, je suis le commissaire Bonnet. Et voici Piacci, mon adjoint. Nous avons des questions à te poser. Tu veux bien répondre ?

– Oui.

Alex est intimidé*. Être interrogé par la police, ce n'est pas drôle du tout ! Mais le commissaire n'est pas méchant. Il sort la broche de sa poche*.

– Tu reconnais ce bijou ?

– Oui, répond Alex. C'est mon cadeau d'anniversaire pour Sarah Monier, une fille de ma classe.

– Exactement. La broche est en or véritable. Elle est très précieuse*. Monsieur Monier, le père de Sarah, s'est étonné* qu'un garçon de ton âge achète une broche de ce prix. Il est donc venu au commissariat de police pour nous apporter le bijou.

Alex a chaud et il est rouge. Il regrette d'avoir ramassé* la broche à la cabane. Est-ce qu'il va aller en prison* pour ça ? Il regarde sa mère. Elle semble inquiète* aussi.

— Tu dois nous dire d'où vient la broche, ordonne le commissaire.

— Je l'ai trouvée à côté de la cabane, près de la plage.

Piacci prend des notes dans son carnet. Le commissaire Bonnet montre une photo à Alex :

— Tu as déjà vu cette femme ?

C'est Paola ! Alex est bien embêté. Que répondre ? Il sait qu'il faut dire la vérité aux policiers. Mais Paola est son amie. Il ne veut pas lui faire des ennuis*.

— Non, jamais vu ! déclare-t-il.

— Écoute, reprend le commissaire. Je vais t'expliquer la situation. Cette femme participe* à un trafic illégal d'or et de bijoux. Voilà comment agissent les trafiquants : ils achètent de l'or bon marché à l'étranger ; puis, ils passent les frontières illégalement et revendent l'or très cher en Europe. Tu comprends ?

— Je crois. C'est grave, ce trafic ?

— Oui, c'est grave. Normalement, à la frontière, on doit payer des taxes. Les taxes, c'est de l'argent pour faire fonctionner des écoles ou des hôpitaux. Elles sont nécessaires pour les habitants d'un pays. En plus, les trafiquants font travailler des enfants comme des esclaves, et ils ne respectent pas les lois pour protéger* la nature et l'environnement.

– C'est terrible !

– Oui. Et tout ça est interdit, bien sûr. C'est pourquoi nous recherchons les trafiquants.

Alex trouve les trafiquants très égoïstes. Il est révolté. Le commissaire continue :

– Réfléchis bien, mon garçon. Je te laisse ma carte avec mon numéro de téléphone. Si tu te rappelles quelque chose, appelle-moi.

– D'accord !

– Au revoir.

– Au revoir, messieurs.

III - Paola est-elle coupable* ?

Le dimanche n'est pas gai. Madame Grenier se fait du souci pour son fils. Alex, lui, reste silencieux. Le lundi, il doit retourner au collège. Il est stressé. Comment va réagir Sarah ? Est-elle en colère ? En fait, tout se passe bien. Pendant la pause, Sarah vient trouver son camarade :

– Alex, je suis désolée pour l'histoire de la broche. Mon père est allé voir la police. Je n'ai pas pu l'empêcher*.

– Ce n'est rien, Sarah.

– Si tu as des problèmes, je suis là, tu sais. Tu peux me parler.

Alors, Alex lui raconte tout : la cabane et Paola, la visite de Marco, la dispute entre le frère et la sœur, le commissaire Bonnet et ses questions. Sarah écoute attentivement. Quand Alex a fini son récit, elle demande :

— Tu es sûr que Paola est innocente* ?

— Je crois bien qu'elle est innocente. Paola est mon amie. C'est une fille super. Mais depuis la visite du commissaire, j'ai* des doutes. Je ne sais plus quoi penser.

— Le mieux, c'est de parler à Paola, non ? Où est-ce qu'elle habite ?

— Aucune idée.

— Alors, ce soir, on va à la cabane. C'est notre seule chance de la retrouver.

Sarah et Alex attendent la fin des cours avec impatience. Puis, ils se rendent à la cabane. Évidemment*, toujours pas de Paola.

— Tu vois le sable, à cet endroit ? fait remarquer Sarah. Il est un peu plus sombre. Cela veut dire que quelqu'un a creusé* un trou il n'y a pas longtemps.

Alex a une idée :

— Quelqu'un a creusé un trou ? Marco, par exemple.

Vite ! les deux adolescents creusent le sable à leur tour. Ils découvrent une caisse, puis deux, puis trois ! Les caisses sont fermées : impossible de les ouvrir !

Mais pour Alex, tout est clair :

– Ce sont l'or et les bijoux ! Paola n'a donc pas caché les caisses chez elle ! Elle n'a pas aidé son frère. Elle est innocente ! Maintenant, c'est sûr. Pas une minute à perdre ! On va voir la police et on raconte tout.

Au commissariat, Bonnet laisse parler Alex sans l'interrompre*. Il note la description de Marco. Trois jours plus tard, il arrête le trafiquant.

L'affaire fait* la une des journaux :

> **Deux adolescents aident la police**
> **à découvrir un trafic d'or illégal**

Depuis cette aventure, Sarah et Alex sont des héros* au collège. Et puis, entre eux, c'est le grand amour ! Malgré ça, Alex est un peu triste.

Il n'a pas de nouvelles de Paola. Son amie lui manque. Un beau jour, pourtant, il reçoit une carte postale. Au dos de la carte, il y a une plage et des palmiers. Il lit :

> Petit frère,
> J'ai promis de tout t'expliquer mais tu as compris seul.
> Tu vois, tu n'as plus vraiment besoin de moi, tu es assez grand.
> Plein de bonheur avec ton amoureuse.
> Paola

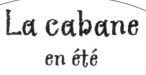

La cabane
en été

I - Un barbecue entre copains

La bande de copains a rendez-vous à la cabane à 19 heures. Loïc arrive le premier. Dix minutes plus tard, il entend un moteur. C'est la voiture de Farid, l'oncle de Fouzia et d'Aïcha. L'auto s'arrête et tous les trois descendent.

— Bonsoir, Loïc ! Alors, tu es prêt pour ce soir ?

— Bonsoir, Farid ! Salut, les filles ! Oui, je suis prêt. J'ai mes affaires pour dormir : sac* de couchage, matelas* en mousse, vêtements chauds. Et puis, comme* prévu, j'ai du pain, du fromage, et du coca-cola pour le repas.

Farid ouvre le coffre :

— Aïcha, Fouzia, prenez vos sacs ! Moi, je sors le barbecue, la viande et les salades.

— D'accord ! dit Fouzia. On installe déjà les matelas dans la cabane. Tu allumes le barbecue ?

— Oui, je vais le faire. Ensuite, je vous dis « au revoir » et je rentre à la maison.

Loïc habite en Bretagne, dans un village proche des plages et de la cabane. Fouzia et Aïcha sont de Paris, mais chaque été, elles passent les vacances dans le village de Loïc, chez leur oncle Farid. Loïc, Fouzia et Aïcha sont toujours très contents de se revoir. Ensemble, ils s'amusent des journées entières dans la cabane. Et cette année, c'est encore mieux : ils ont le droit de faire du camping pour une nuit, sans les parents ! Ils sont tout excités*.

Fouzia montre un coin à l'intérieur* de la cabane :
— Je mets mon matelas là, déclare-t-elle.
— Je dors à côté de toi. Sinon, je vais avoir peur cette nuit, dit Aïcha.
— Peur de quoi ? des sorcières* ? Pas de problème, sœurette, je te protège*. Loïc, tu as pensé à la lampe de poche, bien sûr !
— Oh zut ! J'ai oublié…
— Une fois de plus, tu peux me dire merci. Je sais que tu oublies toujours tout, donc j'ai pris une lampe. Et des bougies aussi.
— Ouf ! Tu es super, Fouzia !

Ils retournent dehors. Les saucisses grillent déjà sur le barbecue.
— Bon, maintenant, je vous laisse, dit Farid. Loïc, tu es le plus âgé. C'est toi le responsable*. Tu as ton téléphone portable ?
— Oui.
— En cas de problème, tu m'appelles. Tu peux téléphoner à toute heure de la nuit. Avec la voiture, je suis là en cinq minutes.
— Promis ! Mais je pense que ça va aller.
— Je pense aussi. Votre copain Théo, il dort également-ment avec vous ?

– Oui, il arrive bientôt avec son chien Kador.

– Très bien ! Je reviens demain matin vers 7 heures. J'apporte les croissants pour le petit déjeuner.

– Génial ! Alors à demain, Farid !

– À demain, les enfants ! Amusez-vous bien.

Farid monte dans sa voiture et démarre*.

– C'est bizarre de se retrouver seuls, tout à coup. Vous ne trouvez pas ? demande Aïcha.

– C'est super, oui ! C'est la liberté ! s'écrie Fouzia. Youpi !

Au même moment, Théo arrive à mobylette. Kador court derrière lui. Pendant l'année, Théo habite à Lille, dans le nord de la France. Mais ses parents ont une maison de vacances en Bretagne. Il retrouve ses trois amis tous les étés.

Le jeune garçon coupe le moteur et enlève son casque*.

– J'ai faim ! Alors, les amis, qu'est-ce qu'il y a au menu ce soir ?

– Malpoli ! Commence plutôt par dire bonjour ! répond Loïc pour plaisanter*.

– Ouaf, ouaf ! fait Kador.

– Tu vois, Théo, ton chien est mieux élevé que toi !

Les copains se tapent dans le dos et s'embrassent. Peu de temps après, ils s'assoient* par terre pour le repas. Les grillades sont délicieuses. Ils parlent, ils disent des blagues*, ils rigolent*. Tout le monde est de très bonne humeur. Le temps passe vite. Déjà, la nuit tombe.

– Il fait sombre maintenant, fait remarquer Loïc. On allume les bougies* ?

– Oh, oui ! Et puis, on raconte des histoires pour se faire peur, suggère* Théo. Par exemple, je connais un film d'horreur...

Aïcha l'arrête brusquement :

– Ah non ! Pas ce genre d'histoires ! Je déteste ça.

– Aïcha a raison. On est ici pour se faire plaisir, pas pour se faire peur, dit Loïc.

– C'est vrai, renchérit* Fouzia. D'ailleurs, ce n'est pas le moment de raconter des histoires horribles. Moi, je dois aller aux toilettes et je n'ose* pas aller toute seule derrière les rochers.

– Allez, courage ! Prends la lampe de poche.

II - Au secours, une sorcière !

Fouzia n'*est pas rassurée, mais elle n'a pas le choix. Elle prend donc la lampe et va un peu plus loin. L'obscurité* est quasi totale. Les branches des arbres se balancent, comme des bras menaçants*.

Pendant ce temps, Loïc, Théo et Aïcha continuent à bavarder. Tout à coup, ils entendent un cri :

– Aaaah ! Au secours !

C'est Fouzia. Elle court en direction de ses amis.

– Au secours ! Il y a quelqu'un dans les buissons* !

Quand elle arrive près d'eux, elle semble encore effrayée*, mais amusée également.

– Oh là là ! Quelle* frousse ! Les feuilles bougent, là-bas, dans les buissons. J'ai eu peur de la sorcière !

– De… de quelle sorcière tu parles ? interroge Aïcha, inquiète*.

Fouzia regarde sa petite sœur et sourit :

– Enfin, Aïcha, je plaisante ! Le bruit dans les buissons, c'est le vent, bien sûr. Parfois, tu es trop naïve !

– Bon, dit Théo, c'est à mon tour d'aller au petit coin. Je dis « bonsoir » à la sorcière de* votre part ?

– Très drôle, Théo, très drôle ! répond Aïcha, vexée*.

La soirée se poursuit*. Les amis parlent de tout et de rien : de l'école, de leurs familles, de leurs musiques préférées. Dans le ciel, des milliers d'étoiles brillent. C'est magnifique ! Il est presque minuit.

– J'ai froid. On rentre dans la cabane ? propose Loïc.

– Oui, bonne idée ! On va se mettre dans les sacs de couchage.

Cependant, dans la cabane, une mauvaise surprise les attend. Fouzia est la première à remarquer une chose anormale :

– Pourquoi il y a des pierres sur nos matelas ? Quelqu'un est entré dans la cabane ?

En effet, il y a quatre pierres sur chaque matelas. Elles sont placées en forme de pyramide. Les adolescents sont perplexes*. Loïc prend alors la parole :

– C'est étrange. Est-ce qu'il y a une personne autre que nous ici ? Mais dans ce cas, pourquoi Kador n'aboie* pas ?

Aïcha est pâle*. Elle a peur. Toutefois, elle essaie de rester calme. À l'idée que les trois autres se moquent* peut-être d'elle, elle s'énerve :

– Qu'est-ce que c'est que cette histoire ? Qui a posé les pierres ici ? C'est une plaisanterie de l'un de vous ? Si c'est ça, ce n'est vraiment pas drôle !

Loïc se tourne vers Théo. Il est fâché, lui aussi :

– Théo, c'est une de tes blagues ? Parfois, tu peux vraiment être idiot, tu sais !

Théo est mal à l'aise. Il proteste :

– Je... euh... Non, ce n'est pas moi ! Je ne comprends pas.

– Tu nous le promets ?

– Oui, je vous le promets.

Maintenant, les jeunes sont vraiment soucieux. Fini la bonne ambiance ! Ils ont leur tête des mauvais jours.

Évidemment*, ils ne croient pas aux phénomènes surnaturels. Pourtant, ces pierres sur les matelas... Ce n'est pas normal du tout.

– Bon, dormons, dit Loïc. On va réfléchir demain à tout ça. Il y a certainement une explication.

III - Une nuit de camping agitée

les ados entrent dans leur sac de couchage. Kador est à leurs pieds. D'abord, ils ont du mal à s'endormir. Mais finalement, comme ils sont très fatigués, ils trouvent le sommeil.

Soudain, les aboiements* de Kador les réveillent.

– Ouaf ! Ouaf, ouaf ! Grrrrrr…

– Qu'est-ce qui se passe ? demande Loïc. Théo, pourquoi ton chien fait ce vacarme* ?

– Il y a quelque chose ou quelqu'un dehors, répond Théo. Kador n'aboie jamais sans raison.

Il fait nuit noire. On ne voit rien. Les jeunes se taisent*. Ils tendent* l'oreille. Il y a des bruits près de la cabane.

Ploc, ploc, ploc...
– Vous entendez ? chuchote Fouzia.
– Oui. Ce sont des pas, murmure* Théo.
Aicha, apeurée* :
– Vous croyez que quelqu'un approche* de la cabane ?

Instinctivement, les amis se serrent les uns contre les autres. Kador grogne* encore.

Ploc, gnaarf, gnaaarf...
– Ah ! Qu'est-ce que c'est que ça ? La sorcière ? demande Aïcha.
– Arrête tes bêtises, répond Fouzia. Les sorcières n'existent pas.
– Des bandits alors ?
Ils sont tous terrorisés. Kador grogne de* plus belle.

Gnaaaarf, grouiiiick, grouumpf…

– Oh non ! C'est affreux ! On va mourir. J'ai peur !
s'écrie Aïcha.

– Calme-toi ! Calme-toi ! dit Loïc.

– J'ai peur ! J'ai trop peur ! poursuit Aïcha.

– Téléphonons à Farid, suggère Fouzia.

Dans l'obscurité, Loïc cherche son téléphone
portable.

– Zut ! Je n'ai plus de batterie. Impossible d'appeler.
Il faut attendre demain matin.

Un silence lugubre* suit cette nouvelle. Une voix*
étouffée se fait alors entendre. C'est Théo :

– Je dois vous dire quelque chose, les amis…

Il hésite* un peu, puis il continue :

– Voilà… Les pierres, tout à l'heure, sur les matelas,
eh bien… je sais que c'est idiot, mais…

– C'est un coup* de ta part, c'est ça ? demande Loïc.

– Oui, répond Théo. J'ai voulu vous faire une petite
blague. J'ai* honte. Je suis désolé.

– Pourquoi tu ne nous l'as pas dit plus tôt ?

– Toi et Aïcha, vous vous êtes fâchés. Alors, je n'ai
pas osé dire la vérité.

– Ne t'inquiète pas, lui dit Loïc, on te pardonne. Le
plus important, c'est de sortir vivants de cette histoire.

Les copains se serrent encore plus les uns contre les
autres. Ils ne bougent plus. Ils espèrent que la chose

bizarre, dehors, va partir. Petit à petit, les bruits diminuent*. Puis, ils s'arrêtent. Malgré cela, Loïc, Fouzia, Aïcha et Théo ont toujours peur. Ils ne peuvent plus dormir. Seul Kador est maintenant tranquille.

Enfin, vers 7 heures du matin, Farid arrive en voiture.

– Salut tout le monde ! Voilà les croissants ! Alors, bien dormi ?

– Euh... c'est-à-dire que... répond Fouzia.

Personne ne sait quoi répondre. Mais Farid ne remarque rien et continue :

– Vous avez eu la visite des sangliers*, cette nuit. Ils ont laissé des traces* devant la cabane ! Dites donc, il y a les traces d'au moins sept ou huit bêtes ! Vous avez sûrement entendu du bruit ?

Les amis se regardent. Ils comprennent enfin. Soulagé, Loïc fait un clin d'œil aux trois autres et dit :

– Du bruit ? Un peu, oui, mais pas beaucoup. Tu sais, on a un bon sommeil !

– Effectivement ! Allez, on mange les croissants, et puis je vous ramène en voiture. D'accord ?

– Parfait !

Après le petit déjeuner, ils rangent leurs affaires. Ils sont tous prêts à partir, mais avant de monter dans la voiture, Aïcha pousse un cri :

– Oh, regardez, là ! Une pyramide de pierres devant la porte de la cabane ! La sorcière est de retour !

Devant les têtes apeurées de ses trois compagnons, elle éclate de rire :

– Ah, ah, ah ! Je vous ai* bien eu, non ? La sorcière, c'est moi ! Allez, on rentre à la maison ! Je vais me remettre au lit. Un vrai lit !

La cabane
en automne

I - La cueillette des champignons

C'est dimanche. Lucie est dans sa chambre. Elle écoute de la musique. Son père frappe à la porte et entre :

– Aujourd'hui, ma chérie, on va chercher des champignons dans le bois du Bousquet. Nous sommes en automne. C'est la bonne saison.

– Bof... je préfère rester à la maison. Je suis fatiguée.

–Tu ne vas pas rester dans ta chambre toute la journée ! Va mettre ton manteau et tes bottes. Moi, je prends le panier pour les champignons.

– Bon, d'accord. Les champignons sont pour le repas de midi ?

– Non, ils sont pour le dîner. À midi, on fait un pique-nique. Je prépare les sandwichs et une bouteille thermos de thé chaud.

– Un pique-nique ? Mais il fait froid dehors !

– Il fait un peu froid, mais le soleil brille. Tu es résistante*, non ?

– Bon, alors pour moi, un sandwich moutarde fromage, s'il te plaît, avec beaucoup de cornichons !

Lucie et son père, Alain Nemours, habitent dans une petite ville, près de l'océan Atlantique.

Ils partent en voiture. Quelques minutes plus tard, monsieur Nemours gare son automobile sur un parking, à l'entrée du bois du Bousquet.

Lucie et son père pénètrent* dans le bois et commencent à chercher des champignons.

– Là, sous l'arbre, il y a des champignons ! s'écrie Lucie.

– Ce sont des cèpes, dit monsieur Nemours, qui est un spécialiste.

Ils marchent pendant une heure. Le panier de champignons est plein. Quand ils arrivent à la sortie du bois, ils ne sont plus très loin de la mer.

– Dis, papa, on fait bientôt une pause ? On est près de la plage. Tu entends le bruit des vagues ? Je connais une cabane de pêcheurs. On va s'arrêter là-bas pour le pique-nique.

– Une cabane de pêcheurs ? Mais… est-ce que tu crois que les pêcheurs vont nous laisser entrer chez eux ?

– La cabane n'est pas vraiment à eux. Elle est à tout le monde. Mais beaucoup de pêcheurs trouvent qu'elle est très pratique. Ils viennent là pour se reposer*.

Effectivement, à la cabane, Lucie et son père rencontrent deux vieux pêcheurs. Ils réparent leur filet* de pêche et discutent gaiement.

– Bonjour, monsieur, bonjour, mademoiselle, disent-ils.

– Bonjour, messieurs. Alors, la pêche est bonne aujourd'hui ? demande monsieur Nemours.

– Pas vraiment. On n'a rien attrapé* !

– Ça alors, ce n'est pas de chance ! remarque Lucie. Enfin… pas de chance pour vous. Les poissons, eux, sont sûrement bien contents !

Les pêcheurs rient :

– Mais nous, on va avoir faim ! Et vous, mademoiselle, qu'avez-vous dans votre panier ?

– Des champignons.

Elle montre le contenu* de son panier aux deux hommes.

– Oh, les beaux cèpes !… s'exclame l'un des pêcheurs.

– Vous voulez des champignons ? C'est beaucoup pour nous deux. Tu ne trouves pas, papa ? On peut offrir la moitié de notre panier, propose Lucie.

– C'est une très bonne idée, ma fille, répond monsieur Nemours.

II - Une pièce d'or

Le cadeau fait grand plaisir aux pêcheurs :

– Vous êtes bien aimable*, mademoiselle. Quel est votre prénom ?

– Je m'appelle Lucie, Lucie Nemours. Et voici mon père.

– Je suis Alain Nemours. Enchanté !

Les pêcheurs se présentent à leur tour :

– Moi, c'est Claude.

– Je m'appelle Jacquot.

Lucie s'intéresse au travail des pêcheurs :

– Vous avez un métier passionnant, dit-elle. Certaines personnes passent toute la journée dans un bureau. Mais vous, vous êtes toujours sur la mer. Vous êtes libres. C'est génial !

– Vous aimez faire du bateau, jeune fille ?

– Beaucoup, mais j'ai rarement* l'occasion*.

– Nous pouvons faire un tour en mer ensemble, cet après-midi, propose Claude. Vous avez le temps ?

– Oui, bien sûr, répond monsieur Nemours. C'est une bonne idée, merci beaucoup. Mais d'abord, commençons par manger. Messieurs, est-ce que vous voulez partager* notre pique-nique ?

– Très volontiers ! répondent en* chœur les deux pêcheurs.

Après le déjeuner, les trois hommes boivent du thé et discutent. Lucie se promène autour de la cabane. Elle voit un petit objet rond et brillant, un peu caché sous le sable. « Tiens, tiens… Qu'est-ce que c'est que ça ? se demande-t-elle. Une pièce de dix centimes ? Oui, c'est une pièce, mais… je ne vois pas de chiffre* dessus. Elle a l'air d'être en or. En tout cas, elle est très jolie… »

Lucie a envie de la prendre. Elle hésite* un peu, puis elle se décide : « Allez, elle est pour moi ! Personne ne va venir la réclamer… » Et elle met la petite chose dorée dans la poche* de son pantalon.

Au même moment, son père l'appelle :

– Lucie, tu viens ? On va au bateau.

Le bateau de Jacquot et Claude n'est pas loin. C'est un bateau à moteur, bleu et rouge, avec une cabine.

– Mettez les gilets* de sauvetage. C'est important, même si la mer est très calme aujourd'hui, dit Claude.

Puis, il actionne le moteur, et ils partent. Le bateau avance sur la grande mer bleue. Il laisse une trace* blanche derrière lui. Lucie est très excitée* :

– Oh, c'est merveilleux ! Le paysage est magnifique. Et puis, j'adore ce vent dans mes cheveux !

– Le bateau est rapide. Nous sommes déjà à cinq ou six kilomètres de la côte*, explique Jacquot.

III - La légende du rocher* de Katel

Lucie remarque un gros rocher. Sa forme est un peu spéciale.

— Regardez, ce rocher ! Il a la forme d'une personne. Ici, c'est la tête, avec deux yeux et un nez. Et là, un corps avec deux bras.

— Tu as raison, dit Claude. C'est le rocher de Katel. Tu veux connaître sa légende ?

— Une légende ? Oh oui ! Je vous écoute !

— L'histoire se passe il y a très longtemps. Mathurin est un pauvre pêcheur. Il est amoureux de la belle Katel. Un jour, Mathurin part en mer. Dans l'eau, il voit un poisson magnifique. Le poisson brille comme un soleil : c'est un poisson recouvert d'or. Mathurin l'attrape.

— Oh, pauvre poisson ! s'exclame Lucie. Moi, je préfère les poissons en liberté.

— Le poisson aussi ! Il dit à Mathurin : « S'il te plaît, laisse-moi partir ! »

— Ah bon ? Le poisson parle ? s'étonne* Lucie.

— N'oublie pas que c'est une légende, répond Claude. Dans une légende, les poissons parlent. D'abord, Mathurin refuse. Il ne veut pas laisser partir le poisson. Imagine : un poisson d'or ! Mathurin veut être riche. C'est une occasion idéale. Mais la mer est amie avec le poisson. Alors, pendant des jours, c'est la tempête* : le vent souffle très fort, les vagues sont énormes*. Finalement, Mathurin n'a pas le choix. Il rend au poisson sa liberté, et la tempête s'arrête.

– Ah, j'aime cette histoire ! dit Lucie, ravie*. Elle finit bien.

– Attends ! L'histoire n'est pas finie. Le poisson donne une écaille* d'or à Mathurin. C'est son cadeau pour remercier le pêcheur. Mathurin rentre chez lui. Le soir, il offre la précieuse* écaille à Katel...

Lucie interrompt* Claude :

– Je connais la suite : ils se marient, ils sont riches et amoureux, et ils ont beaucoup d'enfants.

– Justement, non ! Mathurin ne profite pas de sa chance. Il pense souvent au poisson. Il veut être encore plus riche. Il veut avoir encore plus d'écailles d'or. Il décide de repartir en mer pour retrouver le poisson.

– Ce n'est pas très intelligent, remarque Lucie. Le

poisson est magique, non ? Il est sûrement plus fort que Mathurin.

— C'est vrai. Et la mer protège* le poisson. Un jour où Mathurin est sur son bateau, il y a une nouvelle tempête. Le pêcheur ne revient alors jamais chez lui.

— C'est triste… Comment réagit Katel ?

— Elle est très malheureuse. Pendant des jours et des années, Katel attend le retour de son homme. Devant la mer, elle pleure et elle l'appelle. Finalement, elle se transforme* en rocher.

— Et où est l'écaille d'or ? demande Lucie.

— C'est un mystère, répond Claude. Aujourd'hui, quand il y a une tempête, les pêcheurs disent que le poisson magique cherche son écaille.

IV - La tempête

Jacquot les interrompt :

— Dis, Claude, il faut rentrer, non ? La mer devient mauvaise. C'est plus prudent*.

Claude lève la tête. Le ciel est gris. Des gros nuages noirs se forment. La pluie commence à tomber.

— Oh, oh ! On parle, on parle, et on ne remarque même pas que le temps* se gâte ! Ce n'est pas du bon travail de pêcheur, ça ! plaisante*-t-il.

Il ajoute, plus sérieux :

— Tu as raison, Jacquot. Il n'y a pas une minute à perdre ! On fait* demi-tour.

Un instant plus tard, ils entendent le tonnerre*. La pluie est de plus en plus forte. La mer fait danser le bateau, mais cette danse n'est vraiment pas drôle.

– Lucie, monsieur Nemours, les vagues sont dangereuses, maintenant ! Elles peuvent emporter une personne. C'est mieux pour vous d'aller dans la cabine et de ne plus sortir, dit Claude.

Lucie et son père s'assoient dans la cabine. Monsieur Nemours est pâle*.

– Ça va, papa ?

– Bof... j'ai le mal* de mer.

Dans la cabine, la lampe se balance. Sur la table, il y a des cartes et des crayons. Ils tombent aux pieds de Lucie. À chaque vague, le bateau semble chavirer*, mais finalement, il retrouve sa position horizontale.

– J'ai un peu peur, papa...

– Ne te fais pas de souci, ma chérie. Claude et Jacquot connaissent bien la mer. Avec eux, nous ne risquons rien.

Il prend sa fille par l'épaule. Il essaie de sourire. Mais Lucie sait que son père est inquiet*, lui aussi. Machinalement*, elle met la main dans la poche de son pantalon. Elle sent un petit objet rond. Elle se rappelle alors : « Mais au fait, la petite pièce d'or... elle ressemble* étrangement à une écaille de poisson ! Peut-être que... »

Tout à coup, l'adolescente a une idée.

– Papa, je sors de la cabine ! Je reviens dans une minute.

– Non, Lucie, reste ici ! ordonne monsieur Nemours.

Mais Lucie est déjà dehors. Elle jette* l'écaille dans l'eau.

– Mais enfin, qu'est-ce que tu fais ici ? crie Claude.

Il semble fâché. Mais sa colère ne dure pas long-temps. En effet, les nuages quittent le ciel, et la pluie s'arrête. Le soleil apparaît. Les deux pêcheurs sont très étonnés.

– Incroyable ! dit Jacquot. C'est le calme, puis la tempête, et enfin, le calme à nouveau. Et tout cela, d'une seconde à l'autre.

– Oui, quel temps étrange… Je vois ça pour la première fois. Pourtant, je suis pêcheur depuis quarante ans.

Lucie, elle, a une explication. Le poisson d'or a retrouvé son écaille. « Maintenant, tout va bien », pense-t-elle. Mais elle ne dit rien aux trois autres. C'est sûr, ils ne croient pas aux légendes. Ils vont penser qu'elle est folle.

Le bateau s'approche* de la plage. Tout le monde descend.

— Quelle aventure ! Je ne suis pas fâché d'être de retour, dit monsieur Nemours. Lucie, remercie nos amis et dis « au revoir ». Il est déjà tard !

— À bientôt, messieurs les pêcheurs ! Merci encore pour cette belle journée.

— Tu reviens quand tu veux. C'est un plaisir de naviguer* avec toi, répondent les deux hommes.

Le soir, Lucie et son père, fatigués mais contents de leur dimanche, mangent une bonne omelette aux champignons.

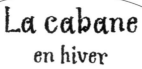

La cabane
en hiver

I - Des préparatifs* de Noël un peu fous

C'est le vingt-quatre décembre. Il neige. Ce soir, les familles vont faire le réveillon* de Noël. Chez les Chaumont, on s'active pour tout préparer.

– Les enfants, qu'est-ce que vous faites dans la cuisine ? gronde* madame Chaumont. Vous ne voyez pas que je prépare le dîner. Allez jouer ailleurs !

– Chérie, où est le papier cadeau ? Il n'y a plus de papier cadeau ? Comment je fais pour emballer mes paquets ? s'énerve monsieur Chaumont.

– Mon Dieu ! Il est déjà 15 heures ! Tante Olga arrive à 19 heures. Vite, vite ! il y a encore beaucoup à faire…

Émile et Louise se regardent :

– Les parents sont devenus fous, dit Émile.

– Tous les ans, à Noël, c'est la même chose. Ils sont complètement stressés.

– Tout ça, pourquoi ? parce que tante Olga mange chez nous ce soir.

– Quelle horreur ! s'exclame Louise. Je l'imagine déjà : « Comment, les enfants, vous n'avez pas lu les livres du marquis de La Grange ? Quel scandale ! »

– « Les jeunes de nos jours n'ont aucune culture ! » renchérit* Émile.

– Je la déteste ! Je n'ai pas du tout envie de la voir.

Émile et Louise sont jumeaux*. Ils habitent avec leurs parents dans une maison à la campagne, en Bretagne. Mamie Lili vit aussi avec eux. Le mari de mamie Lili, Edgar, est mort* il y a quinze ans. Émile et Louise adorent leur grand-mère. C'est une femme dynamique et joyeuse. Mais les jumeaux savent que mamie Lili est parfois triste aussi. Un jour, Louise a vu sa grand-mère regarder la photo d'Edgar et pleurer.

– Viens, Louise, dit Émile. On va faire une partie de jeu vidéo sur l'ordinateur.

– Tu penses que papa et maman sont d'accord ?

– Je ne sais pas. Mais de toute façon, aujourd'hui, ils ne font pas attention à nous. Ils sont trop occupés.

Les jumeaux s'installent dans le bureau de leurs parents. Ils allument l'écran de l'ordinateur et commencent à jouer. Ils s'amusent bien. Soudain, leur père entre dans la pièce :

– Oh non ! Vous passez trop de temps devant l'ordinateur. Vous n'avez rien d'autre à faire ?

Madame Chaumont arrive à son tour et renchérit :

– Ça suffit, les jeux informatiques ! Sortez faire une promenade dehors. Ça va vous faire du bien.

Émile et Louise soupirent*. Ils vont mettre leurs chaussures et leur manteau. Quand ils passent devant la cuisine, ils sentent une bonne odeur*.

– Qu'est-ce que tu fais, mamie ? Ça sent bon.

– Je fais des pains de Noël. C'est une spécialité de mon pays.

En fait, mamie Lili n'est pas originaire de France. Elle est née, il y a longtemps de ça, dans un pays du sud-est de l'Europe, la Bulgarie. Elle est venue en France avec ses parents à l'âge de quatorze ans.

– Miam ! On peut avoir un petit pain pour notre goûter ? demande Louise, gourmande*.

– Ah non ! C'est pour le dîner.

– S'il te plaît, mamie ! Ce soir, on va manger tard. Et il est seulement 16 heures. On va avoir faim !

Mamie Lili ne sait pas dire « non » à ses petits-enfants. Elle sourit et répond :

– Bon, d'accord. Mais juste un, alors…

– Merci, mamie !

Louise prend le pain et dit à son frère :

– Mets-le dans ton sac. C'est pour tout à l'heure.

II - Le vieil homme dans la cabane

Puis, les jumeaux sortent de la maison. Dehors, il fait froid et sombre. Le ciel est gris. Même la neige semble grise.

– Brrr ! c'est triste, l'hiver, se lamente* Émile. Bon, on va où ?

– Viens, on va dans le bois derrière la maison. On peut prendre le petit sentier*, après le vieux chêne*.

Ils prennent donc le sentier. Ils marchent pendant un certain temps, mais soudain le brouillard* tombe. Émile s'inquiète :

– Le brouillard est dangereux*. On risque de se perdre. Je pense qu'il faut rentrer.

– Tu as raison, Émile. Et puis, il va bientôt faire nuit.

Ils cherchent alors le chemin du retour. Hélas, ils ne voient même pas à deux mètres devant eux. Ils ne reconnaissent rien. Impossible de s'orienter ! Malgré la peur, ils continuent d'avancer. Heureusement, Émile aperçoit une lumière.

– Tu vois la lumière là-bas ? demande-t-il à sa sœur. Il y a sûrement une maison.

– Mais… je crois bien que c'est la cabane.

Dans leur village, tout le monde connaît la petite cabane, entre deux rochers*, près de la mer. C'est une cabane où les familles font des pique-niques le dimanche, où les pêcheurs et les chasseurs* se reposent*, où les jeunes se donnent rendez-vous.

– Quelqu'un est à l'intérieur*, dit Émile. Qui est-ce que cela peut être ?

– Je ne sais pas, répond Louise. Allons voir.

Ils arrivent à la cabane. Émile pousse la porte. Un feu brûle dans la cheminée. Devant le feu, un vieil homme est assis et lit son journal. Il a une barbe et les cheveux blancs. Il porte une veste usée* et un chapeau noir. Sur la table, se trouvent quelques assiettes, casseroles et tasses. Il y a deux sacs sur le sol.

– Bonsoir, monsieur. Nous habitons près d'ici, dit Émile timidement. Nous nous sommes perdus dans le brouillard. Nos parents nous attendent pour le réveillon de Noël. Ils sont certainement inquiets*. C'est possible de leur téléphoner ?

– Je n'ai pas de téléphone, répond brièvement* l'homme.

Il a un bel accent étranger quand il parle, mais sur le coup, les jumeaux ne le trouvent pas très sympathique. Malgré cela, Émile et Louise restent devant lui. Ils ne savent pas quoi faire. Il n'est pas question pour eux de repartir dans le froid et la nuit.

Louise essaie d'engager la conversation :

– Vous habitez dans la région ?

– Oui et non, répond le vieil homme. Ma maison a brûlé il y a un mois. Presque toutes mes affaires sont parties* en fumée. J'ai sauvé* deux ou trois vêtements. Et aussi, le plus important, ma tamboura*.

– Votre quoi ?

– Ma tamboura.

48

Entre les sacs, il y a un instrument. Il ressemble* à un violon. L'homme le prend.

– Vous voulez entendre un morceau ? demande-t-il aux jumeaux.

Sans attendre leur réponse, il commence à jouer. La mélodie est d'abord triste et mélancolique, puis, elle devient de plus en plus joyeuse. En même temps, le visage de l'homme s'adoucit*. Émile et Louise écoutent avec grand plaisir. Quand il s'arrête, Louise l'interroge :

– Où avez-vous appris à jouer comme ça ?

– Je viens d'une famille de musiciens. Chez nous, tout le monde fait de la musique : mes frères et sœurs, mes oncles, mes tantes, mes cousins…

– C'est magnifique ! Vous êtes un grand artiste.

L'homme sourit :

– Ne me dis pas « vous ». Tu peux me tutoyer*. Je suis Radomil.

– Moi, je m'appelle Louise. Et voici mon frère, Émile.

– Asseyez-vous. Vous avez faim, peut-être ? Il me reste un peu de soupe à l'oignon. Pour un soir de Noël, ce n'est pas le grand luxe. Malheureusement, je n'ai rien d'autre à vous offrir.

Radomil fait chauffer la soupe sur le feu, puis il sert trois assiettes.

– Oh mais, au fait ! notre grand-mère nous a donné un pain de Noël, se souvient tout à coup Émile. On peut le manger maintenant.

Il sort le pain de son sac et le pose sur la table.

– Cela me rappelle le pain de mon pays, dit Radomil avec nostalgie. C'est la même forme, la même couleur, la même odeur.

– Alors, prends-le, propose Louise. Il est pour toi.

– Vraiment ? Vous ne voulez pas partager* ?

– Non, prends-le, répète Émile. Ça nous fait plaisir.

III - Une merveilleuse surprise

Ils commencent tous les trois à manger la soupe. Radomil croque dans le pain.

– Ça alors, quelle surprise ! s'exclame-t-il. Un papier ! C'est drôle. Chez moi, à Noël, on fait ça aussi : on prend un petit papier, on écrit un vœu*, et on le glisse dans le pain.

Il rit :

– Les enfants, vous êtes mon cadeau de Noël. Un cadeau tombé du ciel !

Il ouvre le papier et lit :

– « Je vous souhaite autant* d'années de bonheur qu'il y a d'étoiles dans le ciel. »

Pendant un instant, Radomil se tait*. Il est ému*.

– C'est très beau, dit-il.

Il réfléchit un peu, puis demande aux jumeaux :

– Vous dites que votre grand-mère a fait ce pain ? Je dois absolument la rencontrer. Où est-elle ?

– Chez nous, à la maison, bien sûr, répond Émile. Mais tu sais, avec le brouillard, on ne peut pas rentrer pour l'instant. Et puis, tu n'as pas de téléphone pour appeler.

Maintenant, Radomil est un peu mal à l'aise :

– Je suis désolé, les enfants. Je vous ai mal reçus, il faut me pardonner. Je vis seul depuis des années. Je n'ai plus l'habitude de faire des belles rencontres. La route n'est pas loin. Venez, on va faire* de l'auto-stop. Le soir de Noël, les automobilistes vont certainement s'arrêter. Et avec moi, il ne peut rien vous arriver !

Ils vont jusqu'à la route. Ils ont de la chance : un quart d'heure plus tard, la première voiture qui passe s'arrête. C'est une jeune femme charmante qui est au volant. Elle les ramène devant la porte de la famille Chaumont.

Émile, Louise entrent dans la maison :

– Papa, maman, on est là !

Les parents arrivent, suivis de mamie Lili et de tante Olga :

– Les enfants ! Enfin, vous voilà ! On a eu tellement peur ! On a même pensé à appeler les gendarmes pour vous chercher.

– On s'est perdus dans le brouillard, explique Louise, mais Radomil nous a aidés à rentrer.

Monsieur Chaumont s'adresse à Radomil :

– Comment vous remercier ? Acceptez-vous de partager notre repas de Noël ?

Radomil accepte. Tout le monde semble satisfait. Tout le monde… sauf tante Olga :

– Vous ne punissez* pas les enfants pour leur retard ? Quelle mauvaise éducation !

Cette fois, madame Chaumont réagit vivement :

– Olga, s'il te plaît, arrête ! Depuis des années, tu fais des commentaires désagréables sur ma famille. Maintenant, tu choisis : tu restes et tu es aimable, ou bien tu rentres chez toi !

– C'est bon, c'est bon ! Je reste, marmonne* tante Olga.

Émile et Louise sont fous de joie :

– Maman a enfin fait taire tante Olga. Ce n'est pas trop tôt ! s'exclament-ils.

Radomil n'a rien remarqué de la scène entre madame Chaumont et tante Olga. Il regarde mamie Lili. Il est en train de tomber amoureux...

Le dîner est délicieux. Radomil a emporté* sa tamboura. Après le dessert, il joue ses morceaux préférés. Les Chaumont tapent dans leurs mains et dansent au rythme de la musique. C'est un merveilleux réveillon ! Le lendemain, Radomil ne repart pas. Émile et Louise ont désormais* un nouveau grand-père.

Questions et activités

La cabane au printemps

Après la lecture de la partie I
Dis si les affirmations suivantes sont justes ou non.

1. Alex ne doit pas attendre sa mère pour dîner.
2. Alex et Paola vont au collège ensemble.
3. Paola reçoit la visite de son frère à la cabane.
4. Marco veut que Paola cache l'or et les bijoux chez elle.

Après la lecture de la partie II
Réponds aux questions.

1. Quel « miracle » a lieu au collège pour Alex ?
2. Qu'est-ce qu'Alex offre à Sarah ?
3. Pourquoi est-ce que le commissaire Bonnet vient voir Alex ?
4. D'après le commissaire Bonnet, quelle est l'activité de Paola ?

Après la lecture de la partie III
Dis si les affirmations suivantes sont justes ou non.

1. Sarah est très en colère contre Alex.
2. Alex et Sarah trouvent les caisses de bijoux près de la cabane, dans le sable.
3. Le commissaire Bonnet arrête Marco.
4. Alex n'a plus jamais de nouvelles de Paola.

La cabane en été

Après la lecture de la partie I
Réponds aux questions.

1. Qu'est-ce que Loïc, Aïcha, Fouzia et Théo ont le droit de faire à la cabane ?
2. Pourquoi est-ce qu'Aïcha préfère dormir à côté de Fouzia ?

3. Qui est Kador ?
4. Qu'est-ce que Théo propose à ses amis quand la nuit commence à tomber ?

Après la lecture de la partie II
Dis si les affirmations suivantes sont justes ou non.
1. Les quatre adolescents adorent les histoires d'horreur.
2. Fouzia a peur d'aller aux toilettes dans l'obscurité.
3. Quelqu'un a posé des pierres sur les matelas.
4. Les copains trouvent cela très drôle.

Après la lecture de la partie III
Réponds aux questions.
1. Pourquoi est-ce que Kador aboie pendant la nuit ?
2. Qui a mis les pierres sur les lits ?
3. Pourquoi est-ce que Loïc ne téléphone pas à Farid ?
4. Qui a fait tous ces bruits pendant la nuit ?

La cabane en automne

Après la lecture de la partie I
Dis si les affirmations suivantes sont justes ou non.
1. Monsieur Nemours propose à Lucie d'aller cueillir des champignons.
2. Ils vont dans le bois en vélo.
3. Ils ne trouvent pas beaucoup de champignons.
4. À la cabane, deux vieux pêcheurs réparent leur filet de pêche.

Après la lecture de la partie II
Réponds aux questions.
1. Comment s'appellent les deux pêcheurs ?
2. Qu'est-ce qu'ils proposent de faire après le pique-nique ?
3. Qu'est-ce que Lucie trouve, caché sous le sable ?

4. Sur le bateau, qu'est-ce que Lucie et son père doivent mettre ?

Après la lecture de la partie III
Dis si les affirmations suivantes sont justes ou non.
1. Lucie voit un gros rocher : il a la forme d'une personne.
2. Dans la légende, Mathurin et Katel ne veulent pas être riches.
3. Mathurin veut retrouver le poisson. Il repart en mer mais ne revient jamais.
4. Aujourd'hui, quand c'est la tempête, les pêcheurs disent que le poisson cherche son écaille.

Après la lecture de la partie IV
Réponds aux questions.
1. Lucie et son père doivent aller dans la cabine du bateau. Pourquoi ?
2. À quoi ressemble la pièce d'or dans la poche de Lucie ?
3. Lucie jette la pièce dans la mer. Qu'est-ce qui se passe ensuite ?
4. Comment est-ce que Lucie explique le changement de temps ?

La cabane en hiver

Après la lecture de la partie I
Dis si les affirmations suivantes sont justes ou non.
1. Le vingt-quatre décembre, les parents des jumeaux sont stressés.
2. Les parents trouvent qu'Émile et Louise passent trop de temps devant l'ordinateur.
3. Mamie Lili a quitté la Bulgarie à l'âge de vingt ans.
4. Les petits pains de Noël, c'est une spécialité française.

Après la lecture de la partie II
Réponds aux questions.

1. Quel temps fait-il quand Émile et Louise se perdent ?
2. Qu'est-ce que le vieil homme possède ?
3. Pourquoi est-ce que Radomil habite dans la cabane en ce moment ?
4. Qu'est-ce qu'il propose à manger aux enfants ?

Après la lecture de la partie III
Dis si les affirmations suivantes sont justes ou non.

1. Dans le pays de Radomil, glisser un papier dans le pain, c'est une tradition de Noël.
2. Radomil et les enfants font de l'auto-stop mais aucune voiture ne s'arrête.
3. Les parents punissent Émile et Louise parce que tante Olga le demande.
4. À la fin de l'histoire, Radomil habite aussi chez les Chaumont.

- - - - - - - - - - - -

Après la lecture de chaque histoire
Fais les activités suivantes.

1. *La cabane au printemps :*
   Écris une critique de cette histoire pour le journal de ton collège : qu'est-ce que tu as aimé ? Qu'est-ce que tu n'as pas aimé ?
2. *La cabane en été :*
   Écris un mail à un des amis de l'histoire. Qu'est-ce que tu voudrais lui dire ?
3. *La cabane en automne :*
   Donne un autre titre à l'histoire.
4. *La cabane en hiver :*
   Imagine la vie chez les Chaumont depuis le soir de Noël.

Lexique

Les explications données ne tiennent compte que du sens des expressions dans le texte.

fam. = familier ; **f.** = féminin ; **m.** = masculin ; **qqn** = quelqu'un ; **qqch.** = quelque chose

abandonné(e) : qui n'est plus habité(e)
l'**aboiement** *m.* : cri du chien ; en français, pour imiter
    l'aboiement du chien, on dit : « ouaf, ouaf ! »
aboyer : pousser des cris pour un chien
un(e) **adolescent**(e) : jeune entre 12 et 17 ans environ
s'**adoucir** : devenir doux, aimable
je vous **ai bien eu** : je vous ai fait une bonne blague*
aimable : gentil(ille), agréable
apeuré(e) : qui a peur
à peine : presque pas
(s')**approcher** : venir plus près
s'**asseoir par terre** : s'asseoir sur le sol
attraper : prendre
autant : en même quantité, en même nombre
avoir des doutes : ne pas être certain(e), sûr(e) de qqch.
avoir honte : être gêné(e), mal à l'aise parce qu'on a fait
    une chose mauvaise

la **blague** : petite histoire qu'on raconte, ou chose qu'on fait
    à qqn pour rire
la **bougie** : on allume une bougie pour voir la nuit, quand
    il n'y a pas d'électricité
brièvement : rapidement
la **broche** : bijou qu'on met sur une veste par exemple
le **brouillard** : vaste nuage blanc près du sol ; quand il y a
    du brouillard, on ne peut plus bien voir autour de soi
les **buissons** *m.* : ensemble de petits arbres avec beaucoup
    de feuilles, près du sol

cacher : mettre qqch. dans un endroit où personne ne peut
    le voir, ni le trouver
le **casque** : objet qui sert à protéger la tête ; on le met
    quand on fait de la mobylette, de la moto ou même du vélo
le **chasseur** : qqn qui chasse les animaux sauvages dans la forêt
    pour les tuer et les manger

chavirer : se retourner, se renverser ; un bateau chavire quand par exemple il y a une tempête*

le **chêne** : grand arbre qui vit très vieux ; il y a beaucoup de chênes en Europe du Nord

le **chiffre** : il existe dix chiffres : 0, 1, 2, 3, 4, 5, 6, 7, 8 et 9

comme prévu : comme cela a été préparé/décidé à l'avance

le **contenu** de son panier : les choses qui sont dans son panier

la **côte** : le bord de la mer

le **coup** *fam.* : geste, action pour faire une blague* à qqn, par exemple

coupable : qui a fait une chose mauvaise ou illégale

creuser : faire un trou dans le sol

dangereux(euse) : qui présente un danger ; on n'est pas en sécurité dans une situation dangereuse

démarrer : mettre en marche une voiture, partir

de plus belle : encore plus

désormais : à partir de maintenant

de votre part : pour vous, à votre place

diminuer : baisser, être moins fort

dire les choses comme ça : dire les choses de cette manière

l'**écaille** *f.* : les écailles ont la forme d'un demi-cercle ; on les trouve sur le corps des poissons ou des serpents

effrayé(e) : qui a très peur

empêcher qqn de faire qqch. : ne pas laisser qqn faire qqch.

emporter : prendre avec soi

ému(e) : qui a des émotions, est touché(e) par qqch. ou qqn

en chœur : ensemble

énorme : très gros/grosse

les **ennuis** *m.* : problèmes, soucis

s'**étonner** : être surpris(e)

évidemment : bien sûr

excité(e) : très content(e)

faire de l'auto-stop : arrêter une voiture d'un signe de la main pour aller quelque part gratuitement

faire demi-tour : revenir à son point de départ

faire la une : être sur la première page des journaux

le **filet de pêche** : objet pour la pêche fabriqué avec du fil ; les pêcheurs le jettent* dans la mer pour attraper* plusieurs poissons à la fois

frimeur(euse) *fam.* : qqn qui fait l'important, qui veut impressionner les autres

le **gilet de sauvetage** : gilet ou veste, souvent de couleur orange, qu'on met pour ne pas se noyer en cas d'accident

gourmand(e) : qqn qui aime bien manger

Kador **grogne** : Kador fait un bruit avec sa gorge parce qu'il sent un danger dehors

gronder : dire qqch. avec mécontentement, irritation ; disputer

le **héros** : personnage le plus important dans une histoire ; le héros a des qualités extraordinaires

hésiter : attendre un peu avant de dire qqch. ou d'agir, ne pas être sûr(e)

ignorer : ne pas savoir

impatient(e) : qui ne peut pas attendre

l'**infirmier**(ère) : personne qui travaille dans un hôpital et aide le médecin

innocent(e) : qui n'est pas coupable, qui n'a rien fait de mal ou d'illégal

inquiet(ète) : qui se fait du souci

à l'**intérieur** : dedans

interrompre : arrêter qqn quand il parle, couper la parole à qqn

intimidé(e) : gêné(e), impressionné(e)

jeter : lancer

jeter un coup d'œil : regarder rapidement

les **jumeaux/jumelles** : frère(s) et/ou sœur(s) né(e)s le même jour

se **lamenter** : se plaindre, se désoler

lugubre : triste, qui fait penser à un malheur

machinalement : sans penser, sans faire attention ; comme une machine

le **mal de mer** : parfois, quand on voyage sur la mer, le mouvement des vagues nous rend malade

marmonner : parler d'une manière peu claire

le **matelas en mousse** : matelas fin et léger qu'on utilise souvent pour le camping

menaçant(e) : qui a l'air dangereux, qui fait peur

le **miracle** : phénomène surprenant, extraordinaire, merveilleux

se **moquer de** : rire de qqn

mort(e) : qui n'est plus en vie

murmurer : parler à voix basse

naviguer : voyager sur un bateau

Fouzia **n'est pas rassurée** : Fouzia n'est pas tranquille, elle a peur

l'**obscurité** *f.* : noir, nuit
l'**occasion** *f.* : possibilité
l'**odeur** *f.* : qqch. qu'on sent avec le nez mais qu'on ne voit pas ;
cela peut être une bonne odeur (par exemple le parfum
d'une rose) ou une mauvaise odeur
l'**or** *m.* : métal jaune très précieux*
oser : avoir le courage de faire qqch.

pâle : blanc/blanche ; on est pâle par exemple quand on est
malade, ou quand on a peur
partager : donner une partie de qqch., un morceau à chacun
participer à qqch. : faire partie de qqch.
partir en fumée : disparaître dans le feu
pénétrer : entrer dans
perplexe : qui ne sait pas quoi faire
plaisanter : dire des choses pour rire, pour s'amuser ; ne pas
être sérieux
poche : partie d'un vêtement où on peut mettre des choses
se **poursuivre** : continuer
précieux(euse) : très cher(ère)
les **préparatifs de Noël** *m.* : choses qu'on fait pour préparer
la fête de Noël
la **prison** : établissement où on enferme, pendant une certaine
période, qqn qui a fait qqch. d'illégal, de grave
protéger la nature et l'environnement : empêcher la destruction
des animaux, des plantes, des forêts, etc.
protéger qqn : défendre qqn contre les dangers, mettre qqn
en sécurité
prudent(e) : qui fait attention, qui ne prend pas de risque
punir : donner une chose désagréable à faire à qqn parce qu'il
a mal agi

quelle frousse ! qu'est-ce que j'ai eu peur !

ramasser : prendre par terre
rarement : pas souvent
la **ratatouille** : plat français fait avec des légumes (tomates,
aubergines, courgettes, oignons) et des herbes de Provence
ravi(e) : très content(e)
renchérir : être d'accord sur un sujet avec qqn et ajouter qqch.
se **reposer** : faire une pause quand on est fatigué
résistant(e) : fort(e)
c'est toi le **responsable** : c'est toi le chef

ressembler : avoir la même apparence que qqch. ou qqn

le **réveillon** : repas de fête la veille de Noël (le 24 décembre) ou du Nouvel An (le 31 décembre)

rigoler *fam.* : rire

le **rocher** : grosse ou énorme pierre

le **sac de couchage** : sac où on se met pour dormir et avoir bien chaud, quand on fait du camping

le **sanglier** : animal sauvage qui habite dans les forêts ; c'est le cousin du cochon

j'ai **sauvé** deux ou trois vêtements : j'ai empêché leur perte, leur destruction

se **sauver** : partir vite

le **secret** : chose qu'on n'a pas le droit de répéter

le **sens inverse** : direction opposée

le **sentier** : petit chemin

la **sorcière** : personnage maléfique et méchant ; dans les histoires, elle a souvent un chapeau, un grand nez et un balai

soupirer : souffler et montrer ainsi qu'on n'est pas content

suggérer : proposer

se **taire** : ne rien dire, ne pas parler

la **tamboura** : instrument de musique à cordes (comme la guitare, le violon, etc.)

le **tatouage** : dessin que certaines personnes se font sur la peau

la **tempête** : mauvais temps quand le vent est très violent ; souvent, il pleut fort aussi

le **temps se gâte** : le temps devient mauvais

tendre l'oreille : bien écouter

le **tonnerre** : énorme* bruit qui vient du ciel pendant l'orage

la **trace** : marque laissée sur le sol ; elle montre que qqn ou qqch. est passé par là

se **transformer** : se changer en autre chose, devenir différent

tutoyer : dire « tu » à qqn

usé(e) : qui n'est plus neuf/neuve ; vieux/vieille, abimé(e)

le **vacarme** : beaucoup de bruit

vexé(e) : fâché(e)

le **vœu** : souhait, désir de voir qqch. se passer, se réaliser

d'une **voix étouffée** : d'une voix qu'on n'entend presque pas

voler : prendre une chose qui n'est pas à nous, sans payer ou sans avoir le droit

Réponses aux questions

La cabane au printemps

Partie I
Oui : 1, 3, 4   Non : 2

Partie II
1. Alex est invité à l'anniversaire de Sarah, à 14 heures. / **2.** Alex offre une broche à Sarah. / **3.** Le commissaire veut savoir d'où vient la broche. Il sait qu'un jeune garçon ne peut pas acheter une broche de ce prix. / **4.** D'après le commissaire Bonnet, Paola fait du trafic d'or et de bijoux.

Partie III
Oui : 2, 3   Non : 1, 4

La cabane en été

Partie I
1. Les enfants ont le droit de dormir une nuit à la cabane, sans les parents ! / **2.** Aïcha préfère dormir à côté de sa sœur parce qu'elle a peur la nuit. / **3.** Kador est le chien de Théo. / **4.** Théo propose à ses amis de raconter des histoires pour se faire peur.

Partie II
Oui : 2, 3   Non : 1, 4

Partie III
1. Kador aboie parce qu'il y a quelque chose ou quelqu'un dehors. On entend des bruits. / **2.** Théo a mis les pierres sur les lits pour faire une blague à ses copains. / **3.** Loïc n'appelle pas Farid parce que la batterie de son portable est vide. / **4.** Ce sont des sangliers (sept ou huit bêtes) qui sont passés la nuit devant la cabane.

La cabane en automne

Partie I
Oui : 1, 4   Non : 2, 3

Partie II
1. Les deux pêcheurs s'appellent Claude et Jacquot. / **2.** Ils proposent à Lucie et à son père de faire un tour en bateau après le pique-nique. / **3.** Lucie trouve une jolie pièce d'or. / **4.** Ils doivent mettre un gilet de sauvetage.

Partie III
Oui : 1, 3, 4   Non : 2

Partie IV
1. Ils doivent aller dans la cabine parce que, dehors, c'est dangereux. Les vagues sont grosses et peuvent emporter une personne. / **2.** Elle ressemble à une écaille du poisson. / **3.** Les nuages quittent le ciel, la pluie s'arrête et le soleil apparaît. / **4.** Lucie pense que le poisson a retrouvé son écaille. Alors, tout va bien.

La cabane en hiver

Partie I
Oui : 1, 2   Non : 3, 4

Partie II
1. Dehors, il fait froid et sombre et il y a de la neige. Quand Émile et Louise se perdent, il y a du brouillard. / **2.** Le vieil homme a des ustensiles de cuisine, un ou deux sacs et une tamboura. / **3.** Radomil habite dans la cabane parce que sa maison a brûlé. / **4.** Il propose une soupe à l'oignon aux enfants.

Partie III
Oui : 1, 4   Non : 2, 3

- - - - - - - - - - - - -

Après la lecture de chaque histoire
Réponses individuelles